AF275516

LA LUNA NO TIENE DONDE ESCONDERSE

LA LUNA NO TIENE DONDE ESCONDERSE

Paola Ortuño

Valparaíso
EDICIONES

VALPARAÍSO POESÍA

Diseño de interior y maquetación: Chari Nogales
www.charinogales.com @*chari_nogales*
Imagen de portada: Paola Ortuño

Primera edición: octubre de 2025

© De los poemas: Paola Ortuño

© Valparaíso Ediciones
 C/ Fray Leopoldo, 7 bajo, 18014 Granada
 www.valparaisoediciones.es

ISBN: 979-13-87538-88-0
Depósito Legal: GR 1381-2025

Impreso en España - Printed in Spain
Gráficas Gami

Cualquier forma de reproducción, distribución, comunicación pública o transformación de esta obra solo puede ser realizada con la autorización de sus titulares, salvo excepción prevista por la ley. Diríjase a CEDRO (Centro Español de Derechos Reprográficos) si necesita fotocopiar o escanear algún fragmento de esta obra (www.conlicencia.com; 917021970 / 932720445)

El papel utilizado para la impresión de este libro está calificado como papel ecológico y procede de bosques gestionados de manera sostenible.

*Aforismos sobre el amor
y otros caprichos de la vida.*

RÍO TRANQUILO, RÍO VELOZ

El río trae rugidos
Oigo las piedras caer
Su cauce esconde sonidos
Que tiemblan en todo mi ser

Mi río tranquilo, río veloz
Llevo tiempo esperando con calma fugaz
Dejar fluir los andares preparando un adiós
Lograr quitarme estas dudas y dejarlas atrás

Hace mucho lo vengo sintiendo
Como señales desde el más allá
Pero algo en mí dice «has llegado»
Y la paz en tu casa te recibirá

Mucho tiempo ha pasado
En búsqueda de este sitio
Donde mi cuerpo logre descansar
Donde mi alma encuentre un asilo

En este lugar de calma gemela
Donde la luz penetra el gozo y la piel
Hallo por fin mi alegría sin cautela
Un espacio que mi corazón le será fiel

Sé bien mi trayectoria al llegar
En mi río transparente, limpio y precoz
Desencadeno mis ansias al verlo brillar
Quizás sola no podré lograrlo
Pero tengo fe al lado de vos.

PERDER EL TIEMPO

Perder el tiempo es de valientes
Mañana seremos solo recuerdos
Y mientras mañana llega
Los duelos ajenos se acuestan en espera

Perder el tiempo es de valientes
Frase colgante y seductora
El saber que quizá con aire tentadora
El reloj le cobra a todos sus recipientes

Miráte al espejo
Los días no son solo añadidura
Recuerdos espesos sinónimo de aventura
Y usted, dulce criatura que desea
Verlo todo un poco más lento

Quizá si la muerte no fuese un impedimento
Nos daríamos el lujo de volar en cautiverio
De no ser prisioneros de tanto misterio
O caminar hacia el sendero sin mucho remedio

Qué belleza poder sentirse lleno de vida
Cuando recuerdas que estuvo lleno de temor
Venciendo los reflejos de intentos fallidos
Permitiéndose ser quemado por los rayos del sol

Entonces, por qué no darlo libremente
Permitirte ser seducido por ella
Sus hondas cálidas transcurren por ti
Y te recuerdan que en algún momento
También fuiste valiente.

MUJER

El sabor de la belleza
No es un concepto ajeno
Es mirar hacia abajo con mucho anhelo
Analizando las partes del rompecabezas

Una imagen llena de veneno
O bueno, más bien,
La han llenado
Con juicios y falso relleno

Son palabras prematuras
A niñas con desvelo
Críticas destructivas
Construyendo líneas de duelo

El sabor de la belleza
Es un gusto medio amargo
Nunca de miel dulzura
Nunca de limón frío letargo

Y mujeres, sin embargo,
Acarreamos este sabor
Como postre dilatante
Sin importar mucho el pudor

Es dejar sin certeza
El pelo lacio en la cabeza
Quizá el precio crudo de la cereza
Es el que pago en los meses ceñir

El seno suave de mis temores
Caderas anchas para parir
Los seres que al mundo han de venir
Para ser víctimas o juzgadores

Encontrarse enfrente
De un vidrio sin grietas
Enfocándote en las betas
Sin poder amar la reflexión

Si fuera otro quizá por un instante
Dejarían de tanto mirarme
Gritarme obras de arte
O obscenidades al callejón

Ya que lo pienso, no es endulzante
Sentirse sola y escandalizarte
Porque cuando el sol baje
Estaré expuesta a leyes sin contraparte

Aún no consigo saber exactamente
Qué parte de mí merita escaparse
De un mundo cruel irritante
Que juzga la nave
Sin saber lo que imparte.

#780

Quisiera vivir de la manera que pienso
De la manera que sueño
Libre y de manera vibrante
Esperando aquí, la víspera de un comienzo

Quisiera dormir y despertar soñando
En fantasía clemente cubierta de llanto
Pero llanto puro de alegría, no espanto
Aún mojada y con frío seguir luchando

Bella es la vida de un fiel soñador
Esperanzas trazadas en papel sin borrador
Sin nada que te impida ver hacia tu alrededor
La magia que se crea sin dejar de ser espectador

Qué bello seria vivir así
Lleno de colores sin estrellato
Impulsada por magnitud de confianza
Pudiera mi vida ser un buen candidato

Realmente qué me impide
Vivir como pienso
Soñar lo que siento
Si yo misma le he dado el boceto de aliento

Es por esto precisamente
Que me doy esta dulce victoria
De saber que aún en la gloria
Soy un simple mortal con alas de euforia.

ERES

Eres mi pasado, futuro y presente
Porque es que una hora ya no es suficiente
Ni un instante ni un minuto

Cuando en mí existe un torrente
Aún pensando en tu piel y en tus besos
Si siempre habrá algo pendiente
Entre tu y yo

Nadie podrá borrar de mi memoria
Los días de agosto que no pude ofrecerte

Por eso, hoy vengo a ti
En búsqueda de una esperanza
O quizá lo que busco es una alianza
No sé

Quizá algo que me recuerde
Que aún me quedan
Días para amarte
Noches en que pueda adorarte
O quizá un instante
Para recordarte
Que aún te amo.

RESPIRACIÓN

Quiero inhalar cada parte de ti
Para así, poder llevarte en mí
Aunque sea por un momento
Déjame saborear tu esencia para así
Quedarme con un gusto dulce en la boca

Quiero memorizar cada espacio de tu piel
Mirar eternamente esos ojos cálidos
Acostarme en tu pecho
Sedándome con cada latido
De tu corazón

Tú, que eres mi hogar
El templo en que quiero acostar
Mis preocupaciones y dudas

Si al final no puedo
Quiero exhalar y que mi aliento llegue a ti
Y mi esencia halle un lugar en tu espíritu.

LÍNEAS SIN LÍMITES

Hoy tracé una línea
Aprendí que las relaciones
Son el toma y daca
El dar y el recibir

Aprendí que no es sólo
Lo que puedo hacer por ti
Sino lo que puedo hacer por mí

Y en ese suave tira y afloja
La dureza de dar y recibir
Trazamos una línea

Y luego, inesperadamente
Vi cómo la cruzabas.

REFLEJOS

A veces lo único que puedo hacer es sentarme
Sentarme y pensar
Sentarme y mirar
Sentarme y esperar

Pronto esa espera se convierte en horas
Que se convierten en días
Y cuanto más miro
Más se distorsiona la imagen

Soy como un cuadro
Aunque ahora me doy cuenta
Que no soy un Van Gogh o un Picasso
Soy más bien una mancha

Un estallido de colores con los que no sé qué hacer
Y desde lejos, veo las imperfecciones
Los arañazos, los golpes y los moretones
Miro fijamente y cuanto mas miro
Menos reconozco a quien se refleja en mi mirada

Así que me levanto
Corro lo más rápido que puedo
No de algo
Sino hacia algo

Corro tratando de no caerme muy profundo en el hoyo
He caído y no estoy segura de cómo
¿Es aquí donde todas las chicas solitarias van
cuando buscan el *país de las maravillas*?

COSA DE LOCOS

Si el amor es cosa de locos
Orgullosamente enloquezco por ti
Y si mi sinceridad me llevara al manicomio
Felizmente habitaría ahí

Igual a tantas otras cosas
Somos incomprendidos por el mundo
Pues, quien puede entender
Un sentimiento tan profundo

El más extraño recurso del mundo
Algo que no tiene explicación
Sin lógica ni ciencia
Algo sin condición

Solo se explica con el tacto
El mover de dos cuerpos
Que al pasar del tiempo
Se alquimizan en uno

Tu amor es como el viento
Que pasa por mi cuerpo
No sé de dónde viene
Ni a dónde me llevará.

FLORES COMO TÚ

Esto es para aquellos a quienes di
Sin expectativas de recibir
Aquellos con los que pensé que podía contar
Para que me trajeran esa paz
Para sanar mi alma
Para ayudarme a liberar

Y para aquellos que han dicho
Que mi ego es demasiado grande
Déjenme decirles que no es que piense demasiado
Es que mis estándares son altos
¿Altos?
Altos como cometas...

Porque vuelo por las nubes
Buscando cosas que me llenen
Tan alto que ya no puedo ver
Las migajas que has dejado en la mesa
Es curioso que de cerca
Parezcan mucho más grandes

Esto es para los que curan
Los que buscan amor
Los que quieren que alguien

Cuide de ellos, para variar
Alguien que se derrame en ellos
De la misma forma en que han derramado
Toda su alma en los demás

Tú, que siempre los ves hermosos
Porque no soportas verlos rotos

Es hora de que te muevas
Deja que el viento te lleve a donde pueda
Deja que te lleve al próximo jardín donde puedas florecer
A la próxima mesa donde serás alimentada

No te avergüences de buscar terrenos más altos en los que
    descansar
Recuerda, no toda la tierra fue hecha para flores como tú.

TE BUSQUÉ

El día que hiciste falta, te busqué

Caminé por las calles
Que, en cambio, gritaban tu nombre
El viento me trajo tu olor
Revolviéndomelo todo

Te busqué y por fin te encontré
Caminando sobre mi olvido

Ahí entre las paredes y los cuadros sin color
Vi las memorias como si fuesen un cortometraje
Las infinitas posibilidades
Donde en otro universo
Pude haber terminado a tu lado

En los días que haces falta
Te busco y te encuentro
En la risa de un extraño momento
En los consejos sabios que dictan
Que el amor es un error

Pero más grande es
El error de nunca intentar

De huirle a la felicidad
Por no caer
En el inevitable camino del dolor

Te busqué y te encontré
Abracé el encuentro
Como si fuese mi propia vida
Como si el mundo se acabase
En el instante en que te soltara

Te encontré
En el calor del sol contra mi piel
Y en el frío de la tierra al ver un atardecer

Te encontré
Y entre tinieblas de esos recuerdos risueños
Te dejé ir.

BOTAS AMARILLAS

Hoy felizmente estreno mis botas amarillas
Esas memorias de tonos dorados
Que todos guardamos en un cajón
Muy dentro y muy forrado

Camino por adoquines gruesos y duros con mis botas
No dejando que las grietas me abran ningún traspaso
Y a todos les sorprende
Que no le abro camino al fracaso

Cuando me las pongo suaves como un guante
Se quedan mirando con mezcla
De sorpresa y curiosidad en la cara
«¿Cómo hace para fluir con tanta gracia
Con ese brillo en la cara?»

La fortaleza de saber que está protegida
Que tiene la bendición de ser resplandecida
Ese rebote en su paso
Es como si flotara a su propio ritmo
Les explico
No está en el vaivén de mis caderas
O en la curva de mis labios
Es en el brillo de mi alma
La lluvia de amor que embarga mi alma

El secreto se esconde en mis botas amarillas
Es decir, en la esperanza del mañana

Realmente está en el
Sentimiento de amor desbordante
Es la certeza de saber
Que con cada paso
Sé precisamente a dónde voy.

A VECES

Hay veces que el dolor se convierte en ti
A veces no lo superas
A veces es la melancolía quien construye sucursales
No se olvida ni se pasa página, y forma parte de nosotros

Qué se siente tener el alma triste
Querer meter el corazón en un cajón
Que la vida se convierta en un callejón sin salida
Y tener que guardar en la memoria
Lo que una vez fuiste

Nadie te habla de los momentos grises
En los que no encuentras nada más que hacer
Sólo recurres a esos días felices
Donde, por un instante, dejaste de crecer

Lo que se siente tener un alma triste
En un mundo de alegrías fantasmales
Cuando sientes que tu mundo está al revés
Si dicen que has perdido los cabales

No es que estés loco o en un estado depresivo
Es más bien que a veces se siente inseguro
Incapaz de proteger lo que realmente es suyo
Incapaz de controlar a quién deje entrar en su santuario

Así que a veces es válido
Querer poner su corazón en un cajón
Para decirle a su alma
Que descanse en algún callejón
Y así saber lo que se siente

Por un día suplente
Tener algo en tu mente
Que no sea tu dolor.

AUSENCIA DE TI

En la niebla de mi soledad
He tirado el manto de la memoria sobre mí
Y he permitido que envuelva mi ser

Te echo de menos
Y como es así
He intentado llenarme de ti
Buscando cosas para llenar el vacío
El espacio que ocupabas sin ataduras

Sigo haciendo tus comidas favoritas
Escucho tu música
He vuelto a ver tus programas
E imagino el sonido de tu risa

La vida es un chiste mal contado
Si por la mañana amanezco a solas
O en la madrugada busco tu calor
Y descubro que no estás a mi lado

Porque mis recuerdos se vuelven nada
Ante la ausencia
De ti.

AMIGO

No a cualquiera se le puede llamar amigo
Porque hay personas que van y vienen
Personas que simplemente existen a tu alrededor

Pero si no has visto mi gozo desfallecer
Si no sabes mis más íntimos dolores
Aquello que me hace enloquecer
No sé si pudiera compartir
Contigo un atardecer

Incluso si no has visto mi rostro brillar
Con alegría ardiente
Que provoca mis lágrimas sacar
A usted no lo puedo llamar
Un amigo de verdad

Es decir…
Si eres sinónimo de risas
Tristezas, bondad o un pilar
Quisiera poder llamarlo
Un amigo de verdad.

SOLO QUEDA LA VERDAD

Y si te digo la verdad
Que sonriendo ante la vida
A veces se me escapa una herida
Y solo así veo las cosas con claridad

Quiero mostrarte mi mente
Camino por los lugares más oscuros
Tejiendo un laberinto de inseguridades
Y aún sentirte presente

Para saber que no huirás
Como hace mucha gente cuando ve oscuridad
Para buscar la luz donde no la hay
Para que me guíes cuando no puedo ver

Quiero que me abraces
Como un pájaro asustado en la palma de tu mano
Y me susurres palabras de bondad
Cuando la duda y el miedo se arrastran detrás

Quiero saber quién eres
Si tu mente es fuerte y tu corazón bondadoso
Amante, dime tu verdad
Y yo te diré la mía.

MI HABANA

En la esquina de la soberbia y el olvido
Al cruzar el puente y terminar la rotonda
Donde la luz reside como si fuera el fin del día
Ahí está mi casa

Mis memorias y recuerdos
Mi infancia y mis anhelos
Todos quedan guardados
En aquel lugar pintoresco

Cuando cierro los ojos aún puedo sentirlo
El calor de unos brazos marchitos
Encapsulando los míos
El olor a café y adoración
Allí donde nacen los colibríes

Mezcla de tonos verdes y turquesas
Largas noches bajo cielos oscuros
Donde se rompieron algunos corazones
En la víspera de un adiós prematuro

La infancia no dura para siempre
Las cicatrices siempre se curan y la gente pasa
Pero una cosa le digo a quien lo contemple
Mis raíces y mis penas se quedaron en mi casa.

MAMÁ

Mamá, déjame ser tu reflejo
Quiero cumplir todos tus sueños
Y recordarte que eres digna de esos anhelos
A través de mí tendrás tu festejo

Si pudiera retroceder en el tiempo
La abrazaría y le diría que todo saldrá bien
Déjame pintarte castillos en el cielo
Mirar hacia la aurora y el sol amanecer

Le devolvería todo el amor que me ha mostrado
Me abrazaría aria a los pequeños brazos que me
    sostuvieron
Le enseñaría de qué están hechos los sueños
Cuando son soñados por alguien como ella

Ya que no puedo retroceder en el tiempo
Sólo tengo una simple petición
Déjame ser tu reflejo
En ti quiero que se espeje todo mi amor

Dame todas tus esperanzas
Prometo no apartarlas ni esconderlas

Las mostraré con orgullo
Y haré que juntas lleguemos a la meta

Por ti, mi amor, lo haría todo
Estaré orgullosa cuando la gente diga
Esa es la muñeca de su madre
Contra cualquier tormenta me acomodo

Mamá, déjame ser tu reflejo
En mí guardaré tus más grandes deseos
Para un día juntas contemplar
Los logros que de tus frutos criaremos.

#310

Si tu risa es de oro y tu piel de marfil
Supongo que sin prisa se puede decir
Que te detendrás en el horizonte con solo seducir
El tiempo, a tiempo va y a nadie podrá seguir

Dónde encontrar las plegarias sin respuesta
Dónde buscar la esperanza sin ataduras
Atada entre hebras del tiempo
Me pregunto a quién pertenece el tiempo

Cuando parece haber escapado del vos.

LA LUNA NO TIENE DONDE
ESCONDERSE

En una noche transparente y divina
Hay copa de vino tirada sin sentido
Y unos labios fríos se preparan para tu partida
El adiós sigue siendo un buche amargo

Entre tanto desenlace se puede decir
Que somos agua pura endulzada por néctar
Unos que solo se sostienen por un amor febril
Una mezcla de todo que aún no dejo de sentir

Las palabras no bastan
Y las flores marchitan al verte partir
Dos almas que se encuentran
Pero que la vida decidió dividir

No me importa el pasado
Mucho menos el insistir
Lo que tengo asegurado
Es que amarte es parte de mi existir

Como cuando aquella noche
Mis ojos conectaron con los tuyos

Pareciera que el horizonte se abriera
Fue ahí cuando mi vida se construyó

Así que, dime mi sol
¿Te acuerdas de aquel Abril?
Desembocando en tu río
Todo lo que mi alma no quiso compartir

Semejante alquimia se hizo
Cuando el universo nos juntó
Que aún en la eternidad estoy segura
El destino volverá a unirnos
Aunque a nadie le preguntó

Si de algo estoy convencida es que alguien escogió
Un par tan perfecto que en el mundo transcurrió
El sol nos alumbraba al ver el sendero caer
Y la luna se dio cuenta que nos iluminaba el querer

Mientras nosotros hacíamos ilusiones
La luna entre tinieblas conocía de otras intenciones
Entre caricias perfectas, gemidos y vapor
El destino aguardaba otras preparaciones

No existe paz cuando sentimientos se reprimen
Hay algo mi bien, que aquí nadie sabe
Cuando no hay testigos de crimen
En el amor todo se vale

Prometo vencer los temores ajenos
Entre líneas del papel y dulces juramentos
Salir corriendo por las calles a buscar mi gran amor
Para entonces ser libre de razonamientos

Cuando nos volvamos a encontrar
Tu vida y la mía se volverán una sola
Cuidaré de tu sombra y, en cambio,
Espero que guardes mis sueños de boda

Tan segura estoy de volverte a ver
Que me acuesto por las noches
E imagino tu querer
Pensando que quizá
Tú también lo deseas creer

La luna no tiene donde esconderse
Pues hice un pacto con ella
Creando el camino de tu regreso
Para juntos poder envejecer.

EL SOL Y SUS ANDARES

Tan afortunado viajero
Es el sol con sus andares
Llegar a los rincones del planeta
Y dejarse seducir por sus maravillas

A través de horizontes dorados
Extendiéndose por la Savana
Dando vida a nuevos comienzos
Y posándose sobre el final

Puedo decir que nunca he sentido envidia del sol
Pues a pesar de tanta belleza reproducida
Él no ha presenciado la vista más bella
Como cuando veo la luz de tus ojos.

A TRAVÉS DE MIS OJOS

Mi mayor deseo sería
Que vieras el mundo a través de mis ojos
Plantar en tu ser la belleza de otoño
Enseñarte la pureza de semejante antojo

Que veas la aurora que nace en ti
Exquisitez virtuosa que brota de tus poros
Te regalo el poder inalcanzable
De verte con ojos de gloria y sonrojo

Si pudieras ver el mundo con mis ojos
Serían los días dulces como jazmín
Y las palabras se vuelven santas
Cuando vienen de tus labios carmín

Si sólo fuera un día te enseñaría mi mundo
Entenderías por qué precisamente al atardecer
No podrían apartar la mirada de tu rostro
Darte cuenta de los cuadros que pinto
Mirando tu horizonte

Verlo todo a través de mis ojos
Sería comprender mi oscuridad
Mis poderes y debilidades
Cuando busco los tuyos entre la multitud

En los días de pena o desprecio
Deseo que tomes prestada mi vista
No para compartir juntos esta oscuridad
Sino para darte mi último atisbo de esperanza

Llévatelos todos, mi sol
Mis más dulces memorias
Mis deseos rebeldes e impulsos tumultuosos
Quédate con todo a cambio de tus placeres

Sería este mi obsequio más preciado
Toma todos mis recuerdos y mis anhelos
Porque es por ti que estos ojos brillan
Tomaré tus esperanzas si tú tomas las mías.

«TRAPERA»

«La casa de los recuerdos» me suelen decir
Pues no hago más que hablar de ti
Ver fantasmas de los dos bailando al azar
Buscar aquellos pedazos que aún quedan en mí

Aunque la casa esté abandonada
No hay planes de reconstrucción
Solo unas cuantas planillas
Que trazamos con convicción

Recuerdos de ti hay donde quiera
En los marcos de las fotos, la cama y el sillón
Pero no logro ver la manera
De desalojarte de mi corazón

La casa se ha convertido en mi trinchera
De recuerdos abruptos sin parar
Ahora busco en mi vagón la respuesta
La cura amarga que me logre desenterrar.

RELOJ

Ayer me dormí en tus brazos
Tuve un sueño al despertar
Cuando al voltearme noté tu rostro brillar
Y tu aliento de vida me protegía de fracasos

Fue en aquella distopía distante
Que logramos nuestros anhelos
Verte gozar en un viaje inconstante
Mientras yo disfrutaba tenerte de cielo

Será este un simple sueño
De un poeta cautivado
Será peligroso sostener
Tanta dicha en privado

Quizá el tiempo es solo eso
Un objeto en la pared recolectando polvo
Quizá el reloj que marca los momentos juntos
Se ha frisado mientras «nosotros»
Se volvía uno solo.

EL DIARIO DE MI PADRE

El diario de mi padre tiene sueños trazados
Un campo de dibujos ilusionados
Un libro de deseos compuestos
Con la dulce amargura de no verlos inmortalizados

Los sueños serán sueños
Hasta que su dueño los despoje
La esperanza no viene en vano
Si pide a la luna que sonroje

O de la mano de un niño risueño
Pintando nubes en el cielo
Aún no existen lágrimas
Que sus hojas no mojen

En el diario de mi padre
Navegan balsas de pluma
Lienzos atados con borde de espuma
Y alguna que otra sonrisa
Que no llegó a brotar

Aun así jamas dejó de creer
En la llegada de su fortuna

El diario de mi padre
Es un lirio en el desierto
En tiempos de sequía se libera
Pensando en un mar abierto

Al descontento sumando
Su desgracia a las pecas del viento
Quizá en esta vida no nacimos para triunfar

Un recordatorio de fuerzas inmunes
Contra corrientes que desgastan y así asumen
Que los sueños serán sueños hasta que su dueño los despoje
Pero para ti no hay tormenta que tu corazón no razone.

SENTIR DOLOR

No es fácil vivir en un mundo donde todo
Te recuerda a lo que has perdido
Pero eres tu buen afortunado
Que tropieza con las piedras
Sin salir lastimado

Vamos, atrévete
Camina descalzo sobre pedazos quebrados
Aún no te has sentado a analizar
Qué se siente vivir con un corazón obrado

A que no te atreves
A derramar tu sangre
Como ambrosía espesa sobre la tierra
Lienzo delineado de una vida completa

Sufrir por haber vivido
O dejar de vivir por haber sufrido
Permite sentir los frutos de árboles caídos
Poder existir plenamente sin ser percibido

En realidad, cuál es la diferencia
Entre sentir dolor o placer
Si al final el efecto es hacerte crecer
O dejar esparcido tu alma por doquier.

SOÑAR ES

En casa de un soñador
Sólo hay una palabra que cuenta
Qué es con la esperanza de renunciar
A todo el mundo y su privilegio

Hay un sitio donde quiero permanecer
Cuando entra el sol y su querer
Donde mis fantasías pueden correr
Aguantados de la mano

Así mi trabajo sea en vano
Y mis frutos no tan codiciados
Agarro estos momentos de placer
Y con tempestad calmada
Me abrazo a él

A dormir y no soñar
Soñar y no despertar
Aunque la tierra tiemble
Nunca salir de este lugar

En casa de un soñador
Sólo hay una palabra que cuenta
Como si fuese relámpago en tormenta

Soñar es la herramienta
Que da luz a cada ser.

GANAS DE TI

Tengo ganas de ti
Simple y sencillo
Y sin mucho delirio
Me atrevo a decirlo aquí

Mis ganas por ti son sinónimo
De un eterno verano
O quizá, aunque fuera en vano,
Un eterno 31 de Diciembre

Una fiesta grandiosa
Que parece no acabarse
Mis ganas de estar en perpetua espera
De un comienzo o un final

Una simple geografía
Se vuelve fatal
Cuando se trata de la distancia
Entre dos que se aman y desean mirar

Mi corazón te elige
Y mi alma te busca
Con miedo a que esto produzca
En mí un cataclismo total

Hoy desperté con ganas de ti
Con aires de derrota esperé
Que el atardecer se llevara tu rastro
Conociendo la noche descubrí
Que sigue aquí

Al final no sé
Si mis ganas son de ti o de mí
De volver a la persona
Que a tu lado un día fui.

OTRO LUGAR

Todo está bien
El sol brilla y he visto el atardecer
La pregunta resonante y una rima constante
Que anda en mi ser

Si es que todo está bien
Por qué aún me quedan deseos
De salir corriendo, montarme en un tren
Llegar al lugar donde no todo esté al cien

Por qué no me quedan muchas ganas
De estar aquí o estar allá
Llegar de noche y en casa parar

¿Por qué es que uno siente tanto anhelo
Del lugar donde no se puede estar?

Buscar el día sin cesar
Quizá en mí pueda despertar
Los deseos de quedarme
Sembrar raíces en aquel lugar

Porque no se puede ser tan cobarde
De anhelar tanto un sitio
Donde no puedo estar.

MUJER II

El sabor de la belleza
Si la aceptas con delicadeza
Puede lograr llenarte
De riquezas en vez de amarrarte

He descubierto que soy
Parte del vasto universo
Mis muslos troncos
Brazos en receso
Por mis venas corre
Un café muy espeso

Quizás el sabor de la belleza
Se encuentra al mirar abajo
Encontrar en mí la naturaleza
Y saber que soy un poco imperfecta

Mis estrías como relámpagos
Traídos desde el cielo
Se desliza por mi piel un color caramelo
La dulce lluvia que atrae mi deseo

Eres, corazón, un ser viviente
Resultado de generaciones

Que con amor y desgaste
Te hicieron más creyente

El sabor de la belleza
Es un gusto medio amargo
Nunca de miel dulzura
Nunca de limón frío letargo

Pero aún así lograrás
Sentirte cada día un poco incapaz
De mirarte fijamente al espejo
Y no amar lo que hay detrás

Hazlo porque eres guerrera
Aunque las batallas nos ganen
No permitas que la sociedad
Te haga más prisionera

Así tus ojos sean azules
Brillantes como el mar
O marrón oscuro
De tierra fértil liberal

Así tu pelo sea lacio
Seda pura más leal
O rizo inquebrantable
Fuerte y fino como coral

No dejes que tu cuerpo
Se vuelva el arma más letal
Porque recuerda que más adentro
Guardas la esencia más real

Pero si lo haces recuerda
Que solo tú decides
Cuándo, cómo y si es verdad
Que eres bella, vida mía,
Un alma pura surreal.

ELOHIM

Todos los caminos conducen a ti
Cómo es que antes no lo percibí
Si la brisa me toca el cuerpo
Y siento que estás ahí

Conocerte fue un regalo del más allá
No es algo esperado
No fue algo deseado
Ni buscado

Ser amada por ti
Es ser bañada entre pétalos de rosa
Ser amada por ti
Es una estrella fugaz
Sentir que estoy volando
Y querer seguir aún más alto

Mi fortaleza y mi felicidad en una
El manto que me cubre
El viento que lo destruye

Conocerte ha sido mi fortuna
Me has llenado de alegría, de ternura
Mi sangre no es roja si no por tu oxígeno

Mis sueños solo pausas si no por tu gracia
Mis alegrías solo recuerdos tirados al olvido

Hay algo que doy por cierto
Por conclusión de mi alma
Y mi corazón inexperto
Que fuiste, eres y siempre serás

Yo existo solo por la luz que desembocas
Seré tuya hasta que mi alma ascienda
Y sea libre de este mundo
Que tanto me provoca.

HASTA SIEMPRE

Te voy a amar hasta mi último aliento
Hasta que los días no tengan sustento
Cuando la cortina baje
Y enciendan de nuevo las luces

Te voy a amar porque produces
En mí una tierna esperanza
Sin saber que quizá alcanza
Para esperarte toda una vida

Hoy prometo amarte
Hasta siempre o hasta nunca
Que la eternidad nos cobije
Lo haré con certeza
Sin mucha disputa

Que el universo nos lleve
Más allá de nuestra piel
Entrelazados en el ayer
Dos estrellas destinadas a ser

Espero mi último aliento
Sea tu nombre, mi hombre
Espero que la vida te cobre
Todas las veces que me hiciste feliz.

TE QUIERO, TE AMO

No sé cómo explicar
Esta sensación que guardo
De medio te quiero
Medio te amo

Quisiera saber con certeza
Qué nos guarda el tiempo
Si es solo afecto de momento
O un evento duradero

Pues siempre quedo
En el vaivén de tus caricias
De medio te quiero
Medio te amo

No estoy segura compañero
Si a estas alturas valga la pena
Tirar mis esperanzas al sendero
O si este aprecio sea verdadero

Será que existe una palabra
Más grande que un te quiero
Y más pequeña que un te amo
Pues sería la solución precaria
A esta situación tan solitaria.

TAZA DE MÍ

Toma de mí esta taza
Donde coloco mis miedos
Y quedan ahí derramados
Mis más íntimos deseos

Toma de esta taza
Un café o un té si prefieres
Pues ahí nacen mis deberes
Cuando el viento me abraza

No te ofrezco más
Pues es todo lo que tengo
Cariño de donde vengo
No es el que dejo en casa

Esta furia amenaza
Quebrantar mi sustento
Pues aquí todo lo que tengo
Te lo sirvo en esta taza

Te lo sirvo caliente o frío
Dependiendo de mi humor
Pues a veces falta calor
En este sitio de provecho

Es precisamente por eso
Que te entrego lo que llevo
Mis recuerdos y gotas de aliento
Y con valor te lo confieso

Si por fin decides tomar
De este amor desordenado
Recuerda tener cuidado
Que con la taza no te quemes.

#98

Ya conozco el olor de tu rechazo
Y, por ende, lo veo venir
Aunque tenga el chance de huir
Me quedaré aquí esperando

Conozco el olor de tu rechazo
Dulce veneno o un rubio campo
No logro ver aún piezas del quebranto
Porque el simple hecho de no saber
Me deja hoy en pedazos.

FRACTURA BILATERAL

1..
   2..
      3...?

4º músculo intercostal.
El dolor que sentimos al ser   arrancados.

La pieza que falta en el rompecabezas. **Carne abandonada y vulnerable.**

Creo que ahora lo entiendo: cuando Adán perdió su costilla,
   dejó un agujero, un espacio donde antes había algo:
   sangre, hueso, músculo; ahora sólo hay **oscuridad**.

Tener que caminar sabiendo que falta una pieza.
En algún lugar, ella está esperando, pero ¿dónde?

Sé cómo se siente Adán, pero ¿y la costilla?
Ser solo un pequeño trozo de polvo blanco sin hogar.

Tanto tiempo pensando que soy Adán cuando, en realidad,
   soy la costilla.
Deambulando por la vida buscando un espacio cálido donde
   esconderme.
El lugar perfecto donde pueda encajar.

A veces me siento y pregunto: ¿Será que realmente existe ese lugar?

O simplemente busco llenar un vacío en mí que nunca existió.

DAME

Si me das la oportunidad, amor
De expresarte mis anhelos
Quitarte esa confusión que dices tener
Esa confusión de si vas o si vienes
Esa confusión del nunca volver

Si me das la esperanza
De expresar que te quiero
Quitar ese humo detrás del espejo
Y ese temor del nunca poder

Si me das la confianza
De volver a tu lado
Recordarte que en este estado
Eres aún más fuerte que tu pasado

Amor, al final, no me des nada
Quizá solo el lujo de poderte mirar
Aun en la distancia estaré esperando
Con la dicha hermosa de verte brillar.

QUIZÁS

La vida es un gran «quizá»
Lleno de incertidumbre
Pues no hallo la forma
De que mi mente se acostumbre

Quizá me ames
Y me quede a tu lado
Quizá me diluya
En la brisa de mayo

Quizá el adiós
No sea causa de desmayo
Quizá venga mañana
Y nos parta un rayo

El problema aquí, señores
Es que «quizá» no es respuesta
En una vida dónde siempre
Habrá una verdad impuesta

Tal vez esta encuesta
Sea un simple recordatorio
De que mañana no es garantizado
Ni siquiera para un velorio

Ría, llore, haga todo lo que quiera
Con la propuesta pendiente
De que aunque la fe siga ausente
Siempre habrá razones
Para un «quizá».

#1023

Saber dónde se encuentra el tesoro
Es la joya más divina
Pues el mundo no se aproxima
A una belleza tan desbordante

Descubrir en ti el diamante
Que brota desde muy adentro
Es ver que en el intento
Nace un sueño más real

Brotando de forma natural
Como en cadena perpetua
Buscar ahí en la grieta
Tu alma brillar.

HANNAH

Si me ven colgando de un hilo
Aferrada a mi fe
Déjenme
Que es ahí donde debo permanecer

Si me ven al borde de una colina
Viendo mi promesa llegar
Déjenme
Que es ahí donde deseo estar

Espero mis caminos siempre
Sean los de Él
Y si me ven en silencio postrada
Déjenme
Es ahí donde veré el sol amanecer.

DAR PAZ

Me trae paz no saber de ti
Dónde vives, con quién andas
Si comes o respiras
Si el viento va y no viras

Me trae paz no tenerte cerca
Un tierno abrazo y la mirada perdida
Darnos cuenta de que la vida
Sigue siendo terca

Me trae paz poder olvidar
Cómo se siente tu aliento en mi cuello
El color de tus ojos o el tono de tu voz
Extrañar el roce tosco de tu cabello

No seré tan fanática a la calma
Tanta paz me lleva a la discordia
Pues si lees esto sabrás
Que es todo una gran mentira.

RUT

No todos los que deambulan
Carecen de rumbo
Especialmente los que aún están
Buscando su verdad

Hay veces que uno
Da varias vueltas por el mundo
Solo para darse cuenta
Que ya conoce donde debe estar.

HIJA

Desgarré el vientre de mi madre
Queriendo hacer espacio para respirar
Cuando nací me di cuenta
En ambas existen heridas para sanar

Sabía que antes de existir
Ya había plan para mi vivir
Pues antes de mi madre
También había ideas por parir

Esta idea consoladora
Me trae recuerdos de infancia
Pues a pesar de mi vagancia
Ella nunca estuvo sola

Existimos todas para una
Ella y yo, Una para todas
Solo esto explica
Mi anhelo por conocer
A mi hija.

MEDICINA

¿Existen analgésicos para los traumas
Que corren profundos como un pozo?
Quizá un antiinflamatorio para mi ser
Cuando siento que exploto si me lleno de gozo

Yo quisiera saber
Si hay alguna vitamina
Que cure mis heridas
Para tomarme una diaria
O quizá, dos o tres

Le pregunté al doctor
Si me daría una pomada
Para aliviar mi corazón
Que nunca se sintió amado

Que alguien me ayude
A encontrar esta medicina
Aunque lastime, critique o deprima
Puede aliviar mi sed ardiente

De sentir siempre
Que hay algo pendiente
La pena rabiosa de no estar presente
Y arranque mis dudas cuando esté ausente

Lastimosamente, mi cuerpo los rechaza
Remedios naturales o soluciones en casa
Pues aún no han inventado la cura legítima
Que deshaga en mí el dolor que mortifica
Y enlaza los nudos que siento en mi existir.

SUCESIÓN

Enséñame cómo amas
Y te diré de qué dolor padeces
Presenta los sueños que proclamas
Viéndolos caer mientras creces

Hay momentos en que quisiera
Ahogarme en mis memorias
Cierro los ojos y permito
Que me envuelvan y penetren mi ser

Aquellos deseos que quedan
Inmortalizados en el ayer
Pues mis propios anhelos
Mis más íntimos secretos

Me convierten en la persona
Que ahora por gracia soy
Es por eso que aún estoy
Envuelta en mis dolores.

CAJA DE RECUERDOS

En mi caja de recuerdos
Se han amontonado
Verdades que en mí he guardado
Y no he podido soltar

Ahí se esconden memorias
De sonrisas tiernas
Que se han olvidado
Vidas ocultas que no han traspasado

Miro muy adentro
Queriendo verter su contenido
Buscando quizá un sentido
Que me recuerde al pasado

Pero siendo muy sincera
Si me encontrase con esa caja
Por curiosidad la abriría
Y la botaría por traicionera.

PREGUNTAS SIN RESPUESTAS

Qué harías si me atacara un tigre
Me amarías si fuera un lagarto
Preguntas extrañas
Que a veces comparto

Sin ser profundas en complejidad
Encuentro que muchas veces
Estas preguntas están
Más cerca a la verdad

La necesidad humana
De ser comprendidos
Y el deber del que ama
Al poder corresponder

Con buen fundamento
Y un corazón abierto
Con la libertad de elegirte
Me atrevo a responder

Te amaría toda la vida
Si nos separara el tiempo
Y fuéramos extraños en el multiverso
Serías la más dulce avenida
Que dirija a mis sueños

Aun si yo fuera muda y tú ciego
Si fuéramos partículas de polvo en el viento
Encontraría la manera de hacerte entender
Cuánto te quiero

Y si en el caso hipotético
Dejaras de existir
Te inventaría tal y como eres
Con tal de que mi corazón vuelva a latir

Para mí no hay pregunta absurda
O teorías irracionales
Tus sentimientos los guardo
En los espacios más reales.

¿EXTRAÑOS?

Volver a ser extraños
Un concepto de otro mundo
Pues suena casi imposible
Para un corazón moribundo

Volver a ser extraños
Pero cómo puede ser
Si entre nosotros
Aún hay hilos por coser

Si ambos nos conocemos
Como las palmas de las manos
Olvidarnos sería tan extraño
O más bien, sería un engaño

Porque aunque intentemos
No podemos olvidar
Cómo curé tus lesiones
Cómo me hiciste brillar

No, en realidad, no es posible
Verte en la calle
Y no poder reconocer
La persona que guarda mis sueños
Donde nace todo mi querer

Quizá volver a ser extraños
No estaría del todo mal
Porque al devolver el tiempo
Tendría la dicha
De volverte a enamorar.

VOLVER A VIVIR

Dicen que recordar
Es volver a vivir
Pero con otros ojos
Que ahora me hacen sufrir

Pues en su momento
No era tan grave el dolor
En cambio, ahora
Tiene todo un mal sabor

Ese gusto infrecuente
De lágrimas secas
Recuerdos revueltos
Alegrías casi huecas

Si es cierto que
Recordar es volver a vivir
Prefiero olvidarlo siempre
Y de esta pesadilla salir.

SAL DE VIDA

La sal siempre ha sido
Una cura perfecta
El mar me cubre
Y con cada ola
Siento algo sanar

Tú mi ser, has sido para mí
Sal del amor
Curando mis heridas
Dándole sabor
Saber que en otras vidas
Preservas siempre mi amor.

ESTHER

Quiero aprender a navegar esta vida
Para así llegar a mi paraíso deseado
Cumplir mi propósito
De estar a tu lado

Quién como tú
Para calmar mi hambre
Y saciar mi sed

Quién como tu
Para tornar mi vida
Y hacerme florecer

Permitirme creer
Que en tu presencia
Nace todo mi ser.

#25

Palabras quedan sobrando
Porque ahora te miro
Y me ahogo con mi llanto

Mis ideas convulsionan
Tratando de encontrar salida
Pero de mi boca nunca sale
Lo mucho que te quería.

DOS ALMAS

En lo sombrío de la noche
Ahí entre oscuridad
Dos almas se encuentran
Iluminando una verdad

Esa certeza de dos que se aman
Eligiendo sin duda la claridad
Pues creo que juntos somos mejores
Y construimos nuestra realidad.

LLUVIA DE MAYO

Ser amado es
Ser cambiado
Como aquella primera
Lluvia de mayo

El agua te empapa
Va contra la brisa
Y bajo la lluvia
No hay nadie de prisa

Quizá esa lluvia
No tenga poder
Simple superstición
Donde se puede crecer

Ahí cuando ella
Me toca la piel
Así mismo se siente
Mi vida con tu querer.

BARRO

Soy barro en manos de Jehovah
Un instante en Su presencia
Posibilidades infinitas
Cuando mi vida en Sus manos está

De barro somos
A barro volveremos
Pero qué belleza tan pura
Ser moldeados por Él

Con tacto y con fervor
Nos crea a perfección
Cómo alguien que no conozco
Me ha creado con tanto amor.

POR TI

Si tú me lo pides
Caminaría con las manos
Y en cambio pasaría
Saludando con los pies

Si tú me lo pides
Giro el mundo al revés
Con tal de que a mi lado
Por siempre estés

Pues, corazón,
Por ti lo haría todo
Creo que lo sabes y por eso
Acabas huyendo siempre de mí.

TESORO SOBRE EL MAR

Hoy caminando en la playa
Encontré un tesoro a la orilla del mar
No era algo excepcional
Pero algo bello tenía
Que me hizo pensar

Encontré un tesoro a la orilla del mar
Nada brillante ni costoso
Caminé hacia él y sin pensar
Descubrí en él algo más valioso

Bajo la ola caliente del sol
Y el implacable estruendo del mar
Encontré una pequeña alondra cantando suavemente
Con sus alas atrapadas entre algas y sal

Un brote de agua salada delineó mi mejilla
Porque quién diría que ahí en la orilla
Iba a ver un pájaro brillar

Aunque a través de mi memoria no estoy segura
Si eran lágrimas o fui salpicada por agua del mar

Lo que sí quiero aclarar
Es que podría haber sido el sol
Quizás el pájaro me había cautivado
Con su canto al descontrol

La verdad es que
Ese pájaro traía en sí, mi verdad obstruida
Algo lejano en mí que no conocía
Lo mucho que vale la paz ante la cobardía

Fue entonces que decidí recoger
Aquel alma en pena
Que entre mezclas de arena
Intentaba liberarse

Entendí que quizá lo que sentí no fue llanto
Ni un grito de espanto reclamando libertad
Lo que escuché aquel día fue nada más
Que palabras de sinceridad

«Por qué me miras» Dijo la alondra
«Por qué te niegas a ayudar
O será que mi aislamiento
Te ha atraído de verdad?»

La verdad es que no lo sé
Pero me conmovió su postura
Viendo un alma tan pura
Fue algo que nunca esperé

«Te estaba observando» le dije
Con voz valiente y sin suspirar
«Entonces» Dijo aquel pájaro
«Por qué no empiezas a reaccionar»

Me di cuenta de que era cierto
Entre roces de espuma y ver el sol brillar
Realmente no estaba viviendo
Cuando aquel pájaro me hizo dudar

Nos pasamos la tarde charlando
De cómo volar sobre alta mar
Por fin, le dije
«Te envidio hoy porque mañana habrás huido»
Y así como si nada la alondra se echó a volar

Quisiera ser como tú, mi criatura
Poder volar e interpretar
Llevar tus lindas canciones
Sin ataduras que me hicieran regresar

Más nunca vi a mi alondra
Aunque por años viera el sol cambiar
Solo espero junto a la playa
Al regreso de mi tesoro sobre el mar.

FIN

Derramo mi corazón
En estas páginas trazadas
Con tinta y con sudor

Derramo aquí mi amor
Con todos mis sueños
Para poder hacer de ellos
Mi pleitesía de compasión

Y por fin, aquí te entrego
Mis huertos o anhelos
Para que comprendas que adentro
Por ti florece mi corazón

Y por fin querido lector
Te deseo buena suerte
Pues fue un placer conocerte
Derramando mis deseos en ti
Por si un día deseas que despierte
Y se vuelvan realidad.

ÍNDICE